CE QUE POURRAIT RÉPONDRE

UN

FONCTIONNAIRE SALARIÉ,

MEMBRE DE LA CHAMBRE DES DÉPUTÉS,

A L'AUTEUR D'UNE BROCHURE NOUVELLE.

Non civium ardor prava jubentium
Mente quatit solidâ.

PARIS,

A la Librairie Constitutionnelle de BRISSOT-THIVARS, rue
Neuve-des-Petits-Pères, n° 3, près la place des Victoires;
Mlle DONNAS, libraire, rue Neuve-des-Petits-champs, n° 22,
près le Palais-Royal.

1819.

CE QUE POURRAIT RÉPONDRE

UN FONCTIONNAIRE SALARIÉ,

MEMBRE DE LA CHAMBRE DES DÉPUTÉS,

A L'AUTEUR D'UNE BROCHURE NOUVELLE.

COMME je ne lis pas à beaucoup près, Monsieur, toutes les brochures politiques qui paraissent chaque jour, quoique la qualité de député dont mes concitoyens ont bien voulu m'honorer, semble m'imposer jusqu'à un certain point cette pénible tâche, il serait très-possible que celle que vous venez de publier ne fût pas parvenue à ma connaissance. Aussi n'est-ce que par un pur hasard que j'en ai lu plusieurs passages, en jetant les yeux sur le Journal des Débats du 22 de ce mois. Ces passages m'ont paru si extraordinaires, que je me suis félicité à cette occasion de l'habitude que j'ai prise de parcourir tous les journaux sans exception, jusqu'à ceux dont les platitudes, les homélies et les flagorneries m'inspirent le plus de dégoût.

Une de vos opinions à laquelle le journaliste a attaché une grande importance, concernant les députés qui sont en même temps fonctionnaires *salariés* du gouvernement, a naturellement fixé toute mon attention ; car je suis, Monsieur, du nombre de ces députés. Je dirai plus : je suis de ceux qui encourent votre anathême ou du moins votre censure, car je tiens beaucoup moins à voter pour le ministère qu'à voter selon ma conscience. J'ai donc éprouvé le besoin de vous adresser mes doutes sur la justesse des attaques que vous dirigez contre ce genre de vote, et sur la moralité des principes que vous ne craignez pas d'avancer. Jusqu'ici, Monsieur, j'ai eu la satisfaction de me croire un parfait honnête homme, et les nombreux témoignages qu'on a bien voulu rendre à ma probité m'en ont suffisamment convaincu. C'est à vous qu'il était réservé de venir troubler une si douce situation. Vous essayez de me rendre ma conduite odieuse. A vous en croire, j'ai enfreint les lois de la morale publique, et j'ai rompu avec les devoirs que m'imposaient mes fonctions. Il n'en faudrait pas tant pour effrayer la conscience la moins timorée : souffrez cependant que je rassure la mienne.

En effet, de quoi s'agit-il, et de quoi suis-je coupable ? Fonctionnaire payé par le gouvernement, je me suis permis de *m'opposer quelquefois dans la chambre des députés aux mesures proposées par le ministère.* Or, c'est ce que vous défendez expressément, c'est surtout ce que vous ne pardonnez pas. Eh bien ! oui, Monsieur, je reçois des appointements ; mais je les regarde comme un salaire légitimement acquis, et non comme une prime de vénalité. Je ne crois pas qu'accepter une place d'un gouvernement, soit contracter avec lui un honteux marché par lequel on se vende soi-même, c'est-à-dire, par lequel on sacrifie son honneur et sa conscience. Sans cela, loin d'avoir acquis un moyen de me concilier l'estime et la considération de mes concitoyens, il me semble que j'aurais mérité toute leur défaveur, et que je me serais couvert d'un juste opprobre à leurs yeux. Non, je n'ai point prétendu signer ma honte, ni prostituer ma liberté. Et croyez-vous que mes commettants m'eussent honoré de leurs suffrages, s'ils eussent pensé que mes principes seraient modifiés par mes intérêts, que mes opinions seraient dirigées par mes craintes ? Est-ce comme un insignifiant spectateur, comme un auditeur bénévole et toujours prêt à applaudir, qu'ils m'ont envoyé dans l'enceinte où se discutent leurs droits, où s'adressent leurs griefs ? Ont-ils cru, en me chargeant de cette importante mission, se faire représenter par une machine à voter, par un ridicule mannequin, qui ne prendrait aucune attitude de lui-même, et se prêterait à tous les mouvements qu'on voudrait bien lui donner? Auraient-ils consenti à déléguer leurs droits les plus précieux à un homme convaincu de n'en avoir lui-même aucuns? M'ont-ils dit: Nous vous envoyons pour défendre nos intérêts, parce que les vôtres sont de les abandonner, et pour discuter nos lois, parce que vous êtes prêt à tout accepter. Nous vous investissons de l'un des trois pouvoirs législatifs à condition que vous le laisserez exercer par l'un des deux autres, et nous vous chargeons de parler pour nous, parce que nous savons que vous ne direz rien. Vous avez vendu votre voix; nous vous donnons la nôtre.

S'il en était ainsi, Monsieur, et il est absurde de le supposer, je plaindrais sincèrement la nation Française d'avoir une chambre de députés, en si grande partie composée de fonctionnaires : mais heureusement je me plais à croire qu'ils ne sont pas tous de votre avis sur la nature de leurs droits, et qu'ils attachent une toute autre importance que vous, au caractère politique dont ils sont revêtus. C'est ici qu'il est bon de remarquer que la nullité à laquelle vous voulez réduire leur mission, tend directement à les rendre indignes d'en être chargés, et à leur enlever dorénavant les suffrages de tous les hommes de bon sens. Or, telle n'était pas sans doute votre intention ; car je ne puis me persuader que dans le fond vous ayez de l'éloignement pour les députés fonctionnaires, puisque vous aimez tant qu'on vote pour les ministres : vous êtes donc parvenu à un résultat tout opposé à vos vues. Il me semble que le ministère lui-même, avant les élections, raisonnait plus adroitement que vous. Il cherchait au contraire à nous persuader que les préfets, les sous-préfets, les procureurs du roi, et autres, sont tous du bois dont on fait des députés indépendants, et beaucoup plus indépendants que des propriétaires, des gens de lettres, et des négociants sans place et sans aveu ; il nous donnait à entendre que des fonctionnaires peuvent seuls être de zélés et courageux défenseurs de nos libertés, et que les hommes qui touchent de gros appointements sont très-disposés à réclamer l'économie dans les dépenses : il voulait enfin prouver que des députés dévoués à ses intérêts, rivaliseraient de franchise dans l'examen de ses projets de loi, comme doivent le faire des amis désintéressés. Ainsi, vous voyez, Monsieur, que le ministère vantait dans les députés *salariés*, précisément ce qui fait l'objet de vos reproches. Il serait bien singulier que l'éloge ne fût pas mieux fondé que le blâme, et qu'ils n'eussent, pour la plupart mérité, *ni cet excès d'honneur ni cette indignité.* En cela, je vois du moins un excellent moyen de vous mettre d'accord tous les deux.

Cependant, comme je peux fort bien m'être mépris sur votre but réel, il n'est pas imprésumable que vous ayez voulu établir, en principe général, que les hommes à traitement doivent être, autant que possible, éloignés de la chambre des députés. Si cela était, je devrais vous avertir que vous avez choisi un mauvais moyen de faire goûter cette doctrine. Quoi ! vous voudriez nous détourner de choisir nos représentants dans cette classe de citoyens, et vous commenceriez par l'accuser d'indépendance ! Ah ! Monsieur, ce n'est pas ainsi qu'il faudrait s'y prendre ; et puis, c'est être bien injuste. Cependant, après avoir réclamé sur la forme, j'approuverais le fond bien volontiers, et je serais très-disposé à accepter les conséquences supposées de votre raisonnement. Je conviendrais donc sans peine que les fonctionnaires ne sont pas indispensables à la chambre, et que nos électeurs ne sont pas tellement au dépourvu de candidats, qu'ils ne puissent trouver d'excellents députés sans fonctions. Je dirais même qu'en général c'est ce qu'ils ont de mieux à faire, sans établir cependant une injuste et trop rigoureuse exclusion, qui nous priverait du concours de quelques citoyens dont le courage égale les lumières. Nous pouvons, en effet, citer d'honorables exceptions : mais, dira-t-on, pourquoi sont-ce des exceptions ? Vous voyez du moins, Monsieur, que je sacrifie de bonne grâce la cause de mes confrères à celle de la vérité, et que j'abjure tout esprit de corps. Mais, sans y penser, je raisonne sur une hypothèse. Je vous fais des concessions, que peut-être vous repoussez ; et vous ne me demandez rien de ce que je vous accorde.

Pour ne point m'égarer, et pour suivre votre doctrine pas à pas, je vais citer quelques-unes de vos phrases, extraites du journal que j'ai mentionné. De cette manière, je m'exposerai moins à me méprendre sur vos intentions. Vous dites, en parlant de la prétendue opposition des députés fonctionnaires : *On ne peut empécher cette tactique ; mais du moins on peut faire en sorte que les hommes qui sont placés pour aider, ne contrarient pas ; on peut exiger que ceux qui ne veulent pas aïder, cèdent la place à ceux qui aideront.* Et qu'entendez-vous par *aider ?* Ceux qui accordent tout, aident-ils beaucoup ? Est-ce aider que de laisser faire, et est-ce éclairer que de regarder ? Pour moi, quand j'ai besoin de conseils ou d'aide, je ne vais pas chez les gens qui disent toujours : Vous avez bien fait, vous n'avez rien à vous reprocher ; vous voulez avoir mon avis ? ma foi, je suis du vôtre. Je sais bien qu'il est des hommes qui s'adressent de préférence à cette espèce de conseillers flatteurs ; mais ordinairement ils ne tardent pas à s'en repentir ; et lorsqu'ils sont victimes d'une présomption qu'ils ont tant fait caresser, ils regrettent de n'avoir pas eu recours à des censeurs courageux et sincères. Ce sont ceux-là qui nous aident réellement, car ils nous avertissent de nos fautes, car ils redressent nos injustices et nous mettent en garde contre les piéges que nous ne voulons pas voir. Ils nous aident, puisqu'ils nous éclairent quelquefois et qu'ils nous mettent dans la bonne route, puisqu'enfin ils ne nous abandonnent pas dans le danger.

Quelle force, dites-vous ailleurs, *peut avoir un gouvernement qui est désavoué par tous les hommes qu'il emploie ?* Je réponds : Ces hommes ne désavouent pas le gouvernement, parce qu'ils le servent avec franchise et noblesse. Ce n'est pas le désavouer que de lui faire entendre le langage de la vérité, que de lui rappeler des principes qu'il *avoue*, mais dont il peut s'écarter quelquefois, pour le forcer à reconnaître des conséquences qu'il *n'avoue* pas toujours.

Quel zèle, quel dévouement le gouvernement peut-il attendre d'un employé attaché à l'opposition par ses liaisons et par les opinions qu'il professe publiquement ? Je dis qu'il peut en

attendre au moins autant de zèle et de dévouement que d'un de ses plus flexibles partisans,
tant qu'il ne réclamera de ses services rien de
contraire au bien de la patrie, tant qu'il n'exi-
gera de sa reconnaisance, ni injustices, ni men-
songes, tant qu'il ne lui tracera pas une conduite
opposée à ses devoirs. Il pourra le mettre à
l'épreuve; et certes, il le trouvera plus fidèle
que le plus intrépide complaisant.

*Quel intérét aura ce fonctionnaire à la con-
servation, au succès d'un système auquel il
n'appartient réellement pas, puisqu'il en désa-
voue les principes?* Bon Dieu! il s'agit bien ici
du succès d'un système! c'est la charte qu'il faut
faire triompher. Voilà ce qu'il ne faut pas perdre
de vue, voilà ce qu'il ne faut jamais oublier. Si
l'on devait en croire certaines gens très-partisans
des systèmes, quand ils s'en arrangent, nous ne
pouvons trouver notre salut que dans le soutien
de ces systèmes ; nous n'avons rien de mieux à
faire que d'étayer cet échafaudage compliqué
et chancelant de pouvoirs mal déterminés, et
confusément constitués, de droits indécis, in-
suffisamment établis, et trop peu explicitement
reconnus; d'exceptions, enfin, qui sont autant
de quantités négatives dans la longue équation
de nos institutions politiques. Je crois, Monsieur, qu'il vaut beaucoup mieux s'attacher sé-

rieusement et de bonne foi à la charte : c'est elle qu'il faut défendre de tous nos moyens, et surtout qu'il faut exécuter. Prenons garde de nous laisser tromper par la grossière ressemblance qu'on pourrait vouloir lui substituer, et ne lâchons pas la réalité pour courir après l'image. Ainsi, qu'importe qu'un député n'appartienne pas à votre système, pourvu qu'il tienne fermement à celui de la charte ?

C'est là un des vices les plus invétérés du gouvernement, (personne ne s'en était aperçu) *et il n'y a pour nous d'espoir de salut que dans la cessation de cette corruption politique qui fait croire aux hommes que l'honneur leur permet de conserver leur traitement et leur opposition.* Oh! pour le coup, je n'ai pas besoin de réfuter cela, Dieu merci ! Je ne crois pas qu'on se soit jamais avisé d'appeler corruption ce qui est précisément l'opposé de la corruption.

Vous voudriez que le ministère *eût un parti, s'appuyât sur un parti.* Pour moi je désire tout le contraire ; car les partis sont de terribles soutiens, surtout quand ils protègent un ministère. Je pense que l'appui le meilleur et le plus solide est celui de la nation ; et la nation n'est pas un parti. Vous vous plaignez de l'*inertie* de l'esprit public ; il me semble, au contraire, qu'il a pris, depuis quelque temps, une essor remarquable.

Vous avez observé *ce trouble des gens de bien qui demandent à grands cris qu'on leur donne une direction.* Je compatis, comme vous, à la douleur de ces gens de bien; et je sens tout ce que leur position a de vraiment fâcheux. En effet, on ne daigne pas les diriger, et c'est pour eux un si grand besoin de l'être! Pour peu qu'ils en aient contracté la douce et utile habitude, comme j'ai lieu de le croire, sous les divers régimes qui se sont succédé en France, je conçois tout ce qu'il y a de dur et de pénible pour eux à l'interrompre et à voir suspendre ainsi le cours naturel de leur existence passive. N'est-ce pas affligeant? Ils sont prêts à obéir et on ne leur commande rien; ils attendent un signe dans l'attitude du respect, comme les esclaves du sérail, et ce signe ne vient pas. Enfin ils demandent une direction; on a la cruauté de la leur refuser. Cependant il y a tant de gens qui aiment à donner des directions! car nous savons tous que le nombre des hommes, dont la vocation est d'obéir, est amplement compensé par celui des hommes qui ne demandent pas mieux que de commander. Mais il en est heureusement beaucoup d'autres, (et ils se multiplient tous les jours) qui pensent que la *direction* de la loi est la meilleure qu'ils puissent recevoir. Ils la demandent aussi à grands cris, et ne croiront leur salut parfaitement assuré que lorsqu'ils auront complétement obtenu cette *direction* tutélaire, impartiale et invariable. Voilà comme ils aiment à être dirigés, sans cependant se roidir contre l'autorité légitime, tant qu'elle se tient dans les bornes qui lui sont fixées. Puissent leurs vœux être bientôt accomplis ! Vos gens de bien n'auront plus alors de motif de se plaindre. Mais, que dis-je? ce n'est pas là ce qu'ils demandent ; ne voudraient-ils pas plutôt qu'on leur donnât les moyens de diriger les autres ? Espérons qu'un si beau zèle ne sera pas utilisé, et tâchons du moins qu'il ne soit pas nécessaire.

Vous nous dites qu'il est plus noble, plus digne d'un vrai citoyen, de se démettre de ses emplois, quand on cesse de partager les opinions du ministère, que de combattre contre le ministère, quand on y occupe des emplois. Je remarque ici que la fausseté de votre doctrine repose en partie sur cette opinion, qu'un ministère c'est l'état lui-même. S'il importe beaucoup de s'entendre sur les mots, et de ne pas confondre les choses, c'est particulièrement dans ce cas-ci. En identifiant ainsi un ministère, en général, avec la chose publique, vous voulez accréditer, Monsieur, une erreur très-grave, mais fort peu dangereuse, parce qu'il n'est personne qui ne sache apprécier la différence que vous paraissez ne pas saisir. Il arrive malheureusement trop souvent qu'en se méprenant sur la signification des mots les plus simples, on se laisse entraîner aux plus déplorables abus de conséquences. Sachez donc, Monsieur, ce qui distingue l'état du ministère. L'*état* est l'être collectif dans lequel nous comprenons l'ensemble de tous les intérêts, ceux du peuple et ceux du prince : il doit être présumé essentiellement immuable et impérissable ; car il ne peut périr que lorsque tous les intérêts se sont séparés et que la société s'est dissoute ; or c'est ce qu'on ne doit pas supposer. Le *ministère* est l'agent du pouvoir exécutif, et rien de plus. Il est essentiellement temporaire, puisque sous tous les gouvernements il est *révocable*, et que de plus il est *responsable* sous le gouvernement représentatif. Si l'on blâme justement un roi d'avoir osé dire dans l'ivresse du pouvoir : *l'état c'est moi* ; c'est se montrer très-indiscret auxiliaire d'un ministère que de lui prêter un langage semblable. Quand vous dites donc *y occuper un emploi*, en parlant du ministère, vous vous exprimez très-inexactement. C'est *dans l'état* qu'on occupe un emploi, et c'est *pour l'état* qu'on exerce des fonctions ; c'est enfin *de l'état* qu'on reçoit des appointements ; car, encore une fois, il est absurde de croire que tous les fonctionnaires soient les agents d'une autorité déléguée et amovible. Où serait alors la stabilité ? Chaque changement dans le ministère serait une révolution. Ainsi un fonctionnaire peut donc, sans violer ses devoirs et sans manquer à sa conscience, se persuader qu'il continue de servir *l'état*, tout en s'opposant quelquefois au *ministère*. Il peut donc fort bien ne pas se croire forcé pour cela à se démettre de son emploi, parce que s'il en a l'obligation au ministère, la reconnaissance ne doit pas l'enchaîner jusqu'à l'avilir. Cependant, ne craignons rien à cet égard là ; nous verrons fort peu de démissions de ce genre. Ce n'est pas qu'on manque de délicatesse, mais elle est mieux entendue. Ne parlons point ici de l'Angleterre, et ne concluons pas de l'exemple à l'imitation ; car si nous avons de bonnes choses à emprunter des Anglais, ce n'est pas leur système d'opposition tel qu'il est organisé.

Il est un moyen plus sûr et plus expéditif que celui d'attendre les démissions, c'est de les exiger, ou plutôt c'est de destituer. Un exemple récent (1), qui vient de frapper tous les amis de la vraie liberté, dans la personne d'un de leurs plus dignes interprètes, nous annonce qu'on a adopté ce moyen. Nous devons en être vivement con-

---

(1) La destitution de M. Dupont de l'Eure, qui était président à la cour royale de Rouen.

tristés ; car cette mesure, quoique légale, et quoique permise à l'autorité, ne peut être justifiée
par de nobles motifs et n'est point appuyée sur
les principes d'une équitable impartialité. Enfin,
sans être virtuellement attentatoire à l'indépendance de la tribune, il n'en est pas moins vrai
qu'elle lui porte une atteinte indirecte. Espérons
toutefois que ses effets n'auront rien de funeste :
elle peut répandre quelque inquiétude ; mais, je
n'en doute point, elle ne fera chanceler personne dans le devoir. Que le généreux orateur
se console ! La reconnaissance publique est un
bien assez précieux pour le dédommager de celui
dont on le prive. Des suffrages aussi glorieux que
touchants l'ont déjà récompensé de ses courageux efforts. Des témoignages non moins sincères
viendront adoucir la rigueur dont il est l'objet.
Comment la nation oublierait-elle ce qu'elle
doit d'estime à ce vertueux citoyen ? Son élo-
quente voix n'a-t-elle pas retenti dans tous nos
cœurs, puisque chacun de ses accents était un
acte de courage, et chacune de ses paroles un
acte de désintéressement ? Et pouvions-nous les
entendre sans une inquiète émotion, ces paroles
que nous savions qu'on recueillait en silence
contre lui ?

Il est vraisemblable, Monsieur, que si je li-
sais votre brochure en entier, j'y trouverais

beaucoup d'autres opinions qu'il me serait impossible de partager ; mais je ne m'arrêterais pas à les réfuter, car j'en ai dit assez sur ce qui méritait à peine de l'être.

Permettez-moi, Monsieur, de vous exprimer en finissant, quelle impression pénible et douloureuse ont produite sur moi le peu de mots que j'ai lus de votre brochure. Je n'ai pu me défendre d'un sentiment mêlé de tristesse et de pitié, en songeant jusqu'à quel point un écrivain peut sacrifier sa dignité, et faire abnégation du respect qu'il a sans doute pour lui-même. Quelque opinion qu'on professe, il est du moins une sorte de pudeur individuelle qui doit nous avertir que nous outrageons la pudeur publique, et que la honte en rejaillit sur nous. Au milieu des dissidences les plus tranchantes des doctrines opposées, on s'accorde toujours sur quelque point de morale universelle : votre système, qui la renverse si complétement, doit donc naturellement être repoussé par tous les partis, et leur inspirer le plus juste mépris. Voilà peut-être la première fois qu'on entreprend de dénaturer à ce point la moralité des plus nobles actions, et de défigurer les plus beaux caractères. On ne s'était point encore avisé de répandre de l'odieux sur le courage et sur le désintéressement. On croyait devoir, au contraire, admirer la conduite des hommes qui immolent leurs intérêts, et même leurs affections à leurs devoirs. On les proposait pour modèles, et leur mémoire était consacrée par la reconnaissance publique. Il vous appartenait, Monsieur, d'essayer de l'outrager, et de renverser ce culte de la vertu; mais vous n'y réussirez pas, car celui que vous lui substituez est trop vil. Jusqu'ici on avait tiré parti de la servilité; vous venez la proclamer comme la base nécessaire d'un gouvernement. Jusqu'ici on avait employé la corruption, mais on le faisait clandestinement; vous la prêchez ouvertement, et vous allez même jusqu'à la légitimer. Enfin, et c'est là le comble de la déraison, pour ne rien dire de plus, vous n'avez pas honte d'avancer que votre système est beaucoup plus *moral* que ce que vous appelez le système opposé..... Je m'arrête à ce dernier trait.

P. S. J'ai montré (page 15), que l'instabilité d'un ministère, indépendamment de tant d'autres et meilleures raisons, suffirait pour rendre absurde toute espèce de lien moral entre lui et les députés, et même pour rendre illusoire toute espèce d'engagement et de lien politique. L'événement s'est chargé de fournir l'exemple. Je suppose que la péripétie ministérielle ait été celle qu'on semblait avoir à craindre, au lieu de s'effectuer si heureusement : quelle serait la position, je ne dis pas seulement des députés *salariés*, mais de tous les députés qui auraient contracté avec le ministère précédent l'obligation de parler, de se lever ou de rester assis pour lui, qui se seraient constitués, en un mot, sa milice votante ? Attendraient-ils qu'on les engageât de nouveau, en vertu de leurs anciennes promesses ; à la manière de ce consul dont parle Montesquieu, qui, pour lever une armée qu'on lui refusait, criait aux Romains ; *que tous ceux qui ont fait serment au consul de l'année dernière, marchent sous mes drapeaux ?* Ou bien, moins fanatiques esclaves de leurs serments, se croiraient-ils valablement déliés de ceux qu'ils auraient prêtés aux hommes passés, quittes à en prêter d'autres aux hommes nouveaux ? Sans doute ce dernier parti serait le plus propre à lever tous les scrupules et à retremper toutes les consciences, car, après tout, les consciences doivent éprouver quelque secousse en pareil cas. Ainsi la milice votante licenciée de fait et de droit serait remise en activité de droit et de fait. Il ne resterait plus qu'à changer d'armes et d'uniforme ; Or nous savons que rien n'est plus aisé.

Arrêtez, m'entens-je crier ; quoi ! nous recevrions dans nos rangs de vieux champions d'un système fondé sur la *morale des intérêts*, comme l'a si bien caractérisé un noble journaliste. Que deviendrait la *morale des devoirs*, avec de pareils défenseurs? Quels dangers ne courrait-elle pas? Nous confierons sa garde à des mains plus pures, et nous l'entourerons d'armes plus redoutables. Nous ne mettrons point le courage de vos hommes à intérêts à l'épreuve des démissions volontaires. Nous irons plus vite que cela; et nous verrons ensuite si la *morale des devoirs* les séduira malgré ses austérités et ses rigueurs. Alors nous pourrons croire à la sincérité de leur conversion. Que répondraient les partisans de la morale des intérêts à ces terribles conclusions? Je ne doute pas qu'ils n'en demeurassent confondus. Quel parti en effet pourraient-ils prendre? je suis fort en peine de le dire; et si telle était jamais leur position, je me figure si bien ce qu'elle aurait d'embarrassant, que je crois que je les plaindrais de bon cœur.

Concluons : Un ministère n'est point immuable; l'esprit d'un ministère n'est point immuable. D'un côté, il peut être renouvelé en entier, ou en partie, lorsqu'il se donne de l'unité, ou il peut se partager et perdre son unité. De l'autre, l'esprit change en entier, ou reprend de l'unité, ou se divise. Dans aucun cas, on ne peut raisonnablement appliquer la doctrine dont le but est *qu'il faut voter avec les ministres*, sous quelque aspect qu'on la présente. Dans aucun cas, un député quel qu'il soit, ne peut ni ne doit s'engager ou se croire engagé, moralement ou politiquement, à appuyer et à soutenir les propositions d'un ministère en particulier; car c'est s'engager à professer de certains principes pendant un certain temps, ce qui est ridicule. Je dis ensuite qu'il ne le peut ni ne le doit pour un ministère en général, car c'est réellement s'engager à défendre aujourd'hui ce qu'il faudra combattre demain, c'est s'offrir à se contredire, à se démentir, à se parjurer; ce qui est honteux. Dans le cas enfin où le ministère serait divisé d'opinion, de quelle manière peut-on s'engager avec lui?

On m'objecte bien vite qu'il faut une majorité, et que j'ôte au ministère les moyens de se la procurer. Je conviens qu'on gouverne toujours mal et peu de temps si l'on n'a pas la majorité. Mais il faut la laisser recruter par l'opinion publique, et non pas l'organiser soi-même; il faut marcher avec elle, et non pas la diriger. Il faut gouverner avec la majorité réelle, et non pas par une majorité factice, précaire et sans force. — Fort bien : mais pour qui voterons-nous? car il faut bien que nous votions pour quelqu'un. — Eh ! Messieurs, que ne vous bornez-vous à soutenir la charte; elle ne vous manquera jamais. Votez pour ce qui est juste et raisonnable, pour tout ce qui peut établir et maintenir l'ordre, pour tout ce qui peut assurer le bonheur du plus grand nombre. Tournez vers ce but tous vos efforts; employez, pour l'atteindre, tous vos talents; vous n'aurez point à craindre de voir refuser vos services, et les offres de votre dévouement ne seront pas repoussées. Tenez-vous pour comptables de l'opinion; vous aurez toujours à qui rendre compte, et qui vous rendra justice. Soutenez les principes : les hommes passeront, l'opinion restera et vous défendra.

FIN.

DE L'IMP. DE C. F. PATRIS